L'AMOUREUX DE QUINZE ANS, OU LA DOUBLE FÊTE,

COMÉDIE EN TROIS ACTES ET EN PROSE,

MELÉE D'ARIETTES;

Dédiée à S. A. S. Monseigneur le Duc de BOURBON.

Les Paroles sont de M. LAUJON.

La Musique de M. MARTINY.

Représentée pour la premiere fois par les Comédiens Italiens Ordinaires du Roi, le Jeudi 18 Avril 1771.

A PARIS,

Chez la Veuve DUCHESNE, Libraire, rue Saint-Jacques, au dessous de la Fontaine S. Benoît, au Temple du Goût.

M. DCC. LXXI.

Avec Approbation & Privilége du Roi.

6

ACTEURS.

LE MARQUIS, Pere de Lindor.	*M. Clairval.*
LINDOR.	*Madame Trial.*
LE BARON, Pere d'Hélene.	*M. Caillau.*
HÉLENE.	*Madame la Ruette.*
JACINTE, Gouvernante d'Hélene.	*Madame Berard.*
M. DUPUIS, Précepteur de Lindor.	*M. la Ruette.*
LE MAGISTER.	*M. Nainville*
LA NOURRICE de Lindor.	*Madame Favart.*
THOMAS, Payſan.	*M. Trial.*
BABET, jeune Payſanne.	*Mlle. Baupré.*

PAYSANS & PAYSANNES de la Terre du Marquis.

PAYSANS & PAYSANNES de la Terre du Baron.

MENESTRIERS.

Un Maitre d'Hôtel du Marquis.

Un Domeſtique du Marquis.

La Scène ſe paſſe dans le Château du Marquis.

L'AMOUREUX DE QUINZE ANS, *COMÉDIE.*

ACTE I.

Le Théâtre représente un Vestibule orné.

SCENE PREMIERE.

LE PRECEPTEUR, LA GOUVERNANTE.

LA GOUVERNANTE.

MAis, dites-moi donc, Monsieur, à l'âge de Mademoiselle Hélene.... A dix-huit ans.... Ne s'occuper que du couvent!

LE PRECEPTEUR.

Eh mais! à l'âge du jeune Lindor.... A quinze ans enfin, ne rêver qu'au mariage!

TOUS DEUX.

Je n'en parle pas de sang-froid.

LE PRECEPTEUR.	LA GOUVERNANTE.
Tant de goût pour le Mariage;	Tel dégoût pour le Mariage;
Mais à quinze ans!	Mais à son âge!

TOUS DEUX.

Dites - moi si cela se croit.

Tant de goût pour le Mariage ! Et chaque jour ce goût s'accroît : Oui, j'en ris de bon cœur : Pauvre Précepteur !	Tel dégoût pour le mariage ! Chaque jour ce dégoût s'accroît. Cela m'impatiente : Oui, j'en suis en fureur : Pauvre Gouvernante !

LA GOUVERNANTE.

Eh vraiment ! il n'y a qu'à en rire pour vous ; mais pour moi !

LE PRECEPTEUR.

Je conçois que cela vous afflige.

LA GOUVERNANTE.

Ah ! Monsieur, si cela m'afflige ! Vous pouvez en juger ; après les soins que je me suis donnés....

LE PRÉCEPTEUR.

Et qui ont tourné à votre satisfaction assurément.

LA GOUVERNANTE, *prenant l'air plus gai, vivement.*

Personne ne peut mieux les apprécier que vous ; car votre pupille....

LE PRÉCEPTEUR, *d'un ton de satisfaction.*

Ma foi....

LA GOUVERNANTE.

Oh ! il est charmant.

LE PRÉCEPTEUR.

Comme votre pupille.

LA GOURVERNANTE, *avec joie.*

Oh ! c'est la vérité, il faut en convenir.... Vous ne sauriez croire, Monsieur, le plaisir que j'ai de causer avec vous.

LE PRÉCEPTEUR.

C'est que nous sommes tous deux dans les mêmes principes.... bien attachés à nos éleves.

LA GOUVERNANTE.

Je vous dirai qu'Hélene n'entend jamais parler tranquillement de tous les talens que Lindor vous doit.

LE PRÉCEPTEUR.

C'est ce que j'ai remarqué.

LA GOUVERNANTE.

Elle ne conçoit pas que la différence d'âge n'en admette point dans les progrès.

LE PRÉCEPTEUR.

I.

Son esprit est précoce en tout ?
Ses progrès sont, comme son goût,
Bien au-dessus de son âge ;
Ce goût vif, dont je ne dis rien,
L'anime encor plus à l'ouvrage :
On rit d'un mal d'où naît un bien.

II.

En moi, soit qu'il craigne un censeur,
Sur ce grand secret de son cœur,
Son confident, c'est son pere.
Il sçait tout ; moi, je ne vois rien,
Que la tendresse qui l'éclaire ;
Je ris d'un mal qui mene au bien.

LA GOUVERNANTE.

D'ailleurs, Lindor n'a que quinze ans, au lieu qu'Hélene en a dix-huit. Et quand une éducation vous fait honneur dans le monde....

LE PRÉCEPTEUR.

Oh ! c'est cruel.

LA GOUVERNANTE, *abondant dans son sens.*

Ce n'est pas ma gloire personnelle que je regarde ; mais la douleur que cela doit faire au pere, qui est le meilleur homme, le plus digne homme du monde, comme vous savez ; la franchise même, & qui a besoin de toute sa gaieté naturelle, pour résister au chagrin que cela lui fait.

LE PRÉCEPTEUR.

Il est vrai que Monsieur le Baron....

LA GOUVERNANTE.

Comment, Monsieur ! Seigneur de cette belle Terre, où nous nous sommes vus l'année passée, & qui n'est qu'à un pas de celle-ci ; n'ayant d'enfant qu'une fille, qu'il couve des yeux, & qui refuse tous les partis qu'on lui présente : plus on s'obstine à lui en parler, plus elle tient pour le couvent. Pour moi, je sais bien que je n'ai pas de goût pour la retraite ; mais en vérité.....oui, Monsieur, je crois que je l'y suivrois.... c'est que j'aime tant ma chère Hélene !

LE PRE'CEPTEUR.

Eh! Madame, si vous ne l'aviez aimée, son éducation s'en ressentiroit.

LA GOUVERNANTE.

Oh! vous avez bien raison.

On ne peut élever l'Enfançe ;
Pour peu qu'il en coûte à l'aimer ;
Jeune cœur qu'on se plaît à former,
Nous attache plus qu'on ne pense.
Avec douceur,
Mais sans foiblesse,
Contre l'humeur,
Lutter sans cesse ;
C'est un tourment, un vrai tourment,
Si la tendresse
A la maitresse,
N'offre un attrait.... ne sert d'aimant.

TOUS DEUX.

On ne peut élever l'Enfance,
Pour peu qu'il en coûte à l'aimer,
Jeune cœur, &c.

LE PRE'CEPTEUR,

Quand la Raison
Vient avec l'âge,
Que la leçon
Plaît davantage !
Le succès suit, le Maître dit ;
„ Prenons courage.....
„ C'est mon ouvrage
„ Qu'on applaudit.

TOUS DEUX.

On ne peut élever l'Enfance, &c.

LE PRE'CEPTEVR.

Allez, allez, croyez que les plaisirs qu'on cherche ici à procurer à Hélène, la distrairont peu-à-peu de ces idées sombres.

LA GOUVERNANTE.

Il est vrai que je regarde comme un bonheur que Monsieur son pere l'ait amenée chez Monsieur le Marquis; elle y paroît plus gaie ; mais.... toujours un fond de rêverie....

LE PRE'CEPTEUR.

Qui se dissipera.... A propos, n'est-ce pas aujourd'hui la fête de Monsieur le Baron?

LA GOUVERNANTE, *souriant.*

Oui; mais c'est aussi celle de Monsieur le Marquis..... Pourquoi cette question?

LE PRE'CEPTEUR, *souriant.*

C'est que j'imagine que cela répandra dans le château un peu plus de gaieté.

LA GOUVERNANTE.

Comment! est-ce que vous sauriez?...

LE PRE'CEPTEUR.

Est-ce que Lindor s'occupe d'autre chose depuis quelques jours?

LA GOUVERNANTE.

Je ne le croyois pas dans la confidence d'Hélene.

LE PRE'CEPTEUR.

C'est Hélene & son Pere qui ne doivent pas être dans la sienne.

LA GOUVERNANTE.

Je ne vous entends pas.

LE PRE'CEPTEUR.

C'est une espèce de fête, un divertissement.

LA GOUVERNANTE.

Oui; mais il ne faut pas que Monsieur le Marquis ni son fils en sachent rien.... Attendez donc: je vois que vous cherchez à me faire jaser, & j'en dis trop; aussi bien voici Hélene, laissez-nous, je vous prie.

(*Il sort.*)

SCENE II.

HE'LENE, LA GOUVERNANTE.

HE'LENE.

EH! ma Bonne, à quoi vous amusez-vous? Je vous cherche par-tout.

LA GOUVERNANTE.

Ma foi, Mademoiselle, je crois notre secret découvert; on a parlé de fête.

HE'LENE.

Ah ! ma Bonne ! vous aurez jasé.

LA GOUVERNANTE.

Moi ! jaser, Mademoiselle ! Ah !... Mais vous-même, ne vous serez-vous point trahie ? Lindor....

HE'LENE.

Lindor, ma Bonne ?.... Dans un petit divertissement du moment, que je prépare à Monsieur le Marquis, & que je dois bien à la manière honnête dont il nous reçoit, je me serois bien gardée de remettre son fils dans ma confidence.

LA GOUVERNANTE.

Cela étant, j'ai bien fait de ne rien dire à Monsieur Dupuis, qui, nous voyant l'air un peu occupé, cherchoit, en effet, à me faire jaser : mais votre secret étoit en bonnes mains.

HE'LENE.

A la bonne heure ; car le plaisir de ces petites fêtes n'est que dans la surprise ? & vous savez que, pour la ménager, je n'ai pris pour Acteurs que les Paysans de la Terre de mon pere ; mais voyez un peu s'ils arrivent, & vous m'avertirez.

LA GOUVERNANTE.

Ils arriveront ; ils sauront leurs roles ; soyez tranquille... Je suis si contente, quand je vous vois quelques momens de gaieté, que.... Enfin, ma chère Hélene, j'y vais.

SCENE III.

HE'LENE, *seule.*

AH ! qu'elle seroit rassurée, si elle pouvoit lire dans mon cœur ! Le gout que j'affecte pour la retraite intimide & retient Lindor sur l'aveu qu'il ne cherche qu'à me faire ; il empêche mon pere de me parler de mariage : je sens que je l'afflige ; mais aussi que nous serions heureux !... Il n'a point de meilleur ami que le Marquis..... Voir l'hymen resserrer entr'eux les liens de l'amitié, quel bonheur ! Ah ! Lindor, que n'avez-vous mon âge !

Oui,

Oui, je partage votre ardeur :
Oui, Lindor, pour vous je soupire :
Mais je garderai dans mon cœur
L'aveu que le vôtre desire.

Nous n'avons sur notre bonheur
D'obstacle que votre jeunesse ;
Mais elle excuse la rigueur
Dont vos yeux m'accusent sans cesse.
Oui, &c.

Plus je vous vois, & plus je sens
Que l'esprit & les talens,
A tous âge, ont droit de séduire :
L'Amour m'en peint tous les appas ;
Mais ce n'est que pas-à pas,
Qu'au bonheur il peut nous conduire.
Oui, &c.

Jacinthe ne revient point ! ... Nos gens doivent être arrivés.... cela m'impatiente..., Elle sait la peine que j'ai eue à déterminer mon pere à aller à la chasse .... & cela, pour veiller avec plus de liberté à mon petit projet.... Et je gage qu'elle s'amuse.... Non, en vérité ... Ah ! je vois le Marquis & son fils : allons vîte trouver ma bonne.

(*Elle sort.*)

SCENE IV.

LE MARQUIS, LINDOR.

LE MARQUIS.

DIs-moi donc, mon fils ; qu'est-ce que c'est que ces Paysans qui te cherchoient ? Il me semble que j'ai vu des violons....

LINDOR.

Eh ! mais, mon pere, vous oubliez que c'est aujourd'hui votre fête ; ils venoient savoir à quelle heure on danseroit au château ; mais ce n'est pas-là ce qui vous intéresse : dès que je vous parle mariage, vous cherchez toujours à détourner la conversation.

Le mariage est fait pour moi.

LE MARQUIS, *feignant d'abonder dans son sens.*

Plus j'y songe, & plus je le croi,

LINDOR.

Vous plaisantez, mon pere.

LE MARQUIS.

Moi ?

LINDOR.

Vous.

LE MARQUIS.

Moi ?

LINDOR.

Vous. { Eh ! je le voi.

LE MARQUIS. { Eh ! non, ma foi.

Sur quoi ?

LINDOR.

Sur quoi !

Je vous connois.

LE MARQUIS.

Puis-je mieux faire ;

Je dis, je pense comme toi.

LINDOR.

Vous plaisantez, mon pere.

Cela me désespere,

Le mariage est fait pour moi.

LE MARQUIS.

Plus j'y songe, & plus je le croi.

Mais tu serois bien étonné, si je te prouvois que je m'en occupe plus sérieusement que tu ne pense ?

LINDOR.

Vous, mon pere ?

LE MARQUIS.

J'ai trois ou quatre partis en vue.

LINDOR, *avec vivacité.*

Eh bien ! ne vous le disois-je pas ? Vous en avez en vue trois ou quatre, afin de ne vous décider sur aucun....

LINDOR.

Enfin vous me l'avez promis,
C'est un fait,... ma mémoire est bonne :
Voulez-vous tromper votre fils,
Vous qui n'avez trompé personne ? . . .
Avec la parole d'un pere,
On est bien fort, on est bien fort.

(Caressant son pere.)

Un bon cœur, à qui j'aime à plaire,
A mes yeux ne peut avoir tort.

(Le Marquis veut l'interrompre, Lindor continue, & comme s'il lui coupoit la parole.)

Un moment, daignez le permettre ;
Tout n'est pas dit...,. Dans chaque lettre
Que j'ai de vous,
Voyez, lisez ces mots si doux.

(Il lit sur plusieurs Lettres *ce qui suit.)*

„ Mon fils, mets-toi vîte en état de seconder ton pere....
„ Songe à t'avancer, mon cher fils ; songe que je n'at-
„ tends que cela pour te marier.... „

Dans toutes, c'est même langage,
Toujours l'espoir du mariage . . . .
Sur cet espoir que vous fondiez,
Vous m'encouragiez,
Vous le sçavez, vous exigiez
Travaux, progrès
Ardeur....succés ? . . .
Et quand tous vos vœux sont remplis....
Et quand mes travaux sont finis....
Et quand mes succès sont suivis ...
Vous changeriez d'avis ?

(D'un ton patelin.)

Non, non.... Enfin, vous me l'avez promis, &c.

LE MARQUIS.

Eh ! crois-tu, dis-moi, que je te destine au célibat ?

LINDOR.

Je crois.... que vous vous occupez de toute autre chose que de me tenir parole.

LE MARQUIS.

Mais.... tu veus que je m'occupe de te choisir une femme, & je n'ai pas encore congédié ton Précepteur.

LINDOR.

Mon Précepteur ? . . . . Il n'y a qu'à le garder pour mes enfans.

LE MARQUIS.

C'eſt ſonger à tout : mais n'en as-tu pas encore un peu beſoin pour toi-même ?

LINDOR.

Ne ſais-je pas tout ce que vous m'avez fait apprendre ?

Je ſçais le Latin aſſez bien.

LE MARQUIS, *d'un ton d'ironie.*

Aſſez bien ? Paſſe.

LINDOR.

Paſſe ?

LE MARQUIS.

Paſſe.

LINDOR.

Vous croyez me faire une grace ?

LE MARQUIS.

Paſſe.

LINDOR.

Paſſe ?

On diroit que je ne ſais rien.

LE MARQUIS.

Non, tu ſçais tout, & j'en convien.

LINDOR.

Je ſçais Latin, Géométrie.

LE MARQUIS.

Géométrie ?

LINDOR.

Géométrie,
Fable, Hiſtoire & Géographie ;
Et, ſelon vous, je ne ſçais rien.

LE MARQUIS.

Non, tu ſçais tout, & j'en convien.

LINDOR, *en riant.*

Et ma mémoire,
Sans m'en faire accroire,
Me ſert aſſez bien.

LE MARQUIS.

Que trop bien.

LINDOR, *en riant.*

Passe.

LE MARQUIS.

Passe?

LINDOR.

Passe?

Vous ne me faites point de grace,
Vous oubliez, & je retien....
Près de vous quel sort est le mien!
L'air modeste ne gagne rien.

LE MARQUIS.

L'air modeste ne gâte rien.

Mais, modestie à part, tu ne me parles que de ton esprit: je veux qu'il soit formé.... Et ton cœur?

LINDOR.

Mon cœur?.... Ah! si j'osois....

LE MARQUIS.

Comment?

LINDOR.

Enfin.... il se formera sur le votre.

LE MARQUIS, *en souriant.*

Oh! tu veus me gagner; tu me fais des complimens.

LINDOR.

Qui ne me réussissent guéres.

LE MARQUIS, *d'un ton un peu plus serieux.*

Je vais te faire voir que j'ai meilleure opinion de ton esprit, que tu ne penses, en entrant avec toi dans des détails qui seroient au-dessus de ton âge, si je te connoissois moins.

LINDOR, *vivement & avec un peu d'impatience.*

Mon âge?

LE MARQUIS.

Ecoute.

Je suis Seigneur de ce Village;
Un jour il sera ton partage.
Sçais-tu tout ce qu'il faut sçavoir
Pour ton bonheur & ton devoir?
Je te parle en pere:
Mais, si je t'éclaire,
Je suis heureux; c'est mon espoir..

Avec complaisance,
Adoucis le poids
De l'obéissance;
Par la bienfaisance,
Lier à ses droits
La reconnoissance;
Rendre à ses Valets
Le travail facile;
Viser à l'utile,
En fixant la paix;
Avec un voisin difficile,
Avec un Fermier trop habile,
Eviter plaintes & procès......

De tout bon Seigneur de Village,
Tels sont les travaux & les vœux:
Ces soins sont-ils faits pour ton âge?....
Et, pour couronner son ouvrage,
Rendre ses habitans heureux!...

Tu sçais tout; & moi, pour leur bien,
Tiens, je crois que je ne sçais rien,
Quand chaque Aurore
M'éclaire encore
Sur leur bonheur & sur le mien.
Oui, chaque Aurore
M'instruit encore,
Pour leur bonheur & pour le mien.

LINDOR.

C'est-à-dire, qu'il faudroit que j'attendisse encore tranquillement quinze ou seize ans, n'est-ce pas?

LE MARQUIS.

Oh! non, non; tu vas voir que je suis plus raisonnable. Je t'ai dit que j'avois plusieurs partis en vûe; il en est un sur lequel je me déciderois assez volontiers, en ce que l'âge, le caractère, la figure, tout semble s'y réunir.... Tu connois la jeune Lise?

LINDOR.

La jeune Lise?

LE MARQUIS.

Eh! oui, la fille du Marquis de Clainville, mon voisin & mon ami.

LINDOR.

La jeune Lise, qui n'a qu'onze ans?

LE MARQUIS, *vivement*.

Tu n'en as que quinze; son caractère promet, sa figure est charmante; & en vous laissant, pour vous connoître & vous aimer, trois ou quatre ans....

LINDOR.

Trois ou quatre ans, mon pere ?

LE MARQUIS, *vivement.*

Tu l'aimes peut-être déja ?

LINDOR.

Ah ! si j'osois vous parler de mon choix, vous le trouveriez bien plus raisonnable.

LE MARQUIS, *cherchant à pénétrer son secret.*

Ah, ah ! tu as fait un choix ? Eh bien ! voyons.

LINDOR.

Oui, j'irai vous dire mon secret, pour que vous en abusiez ?

LE MARQUIS, *feignant de s'en aller.*

Eh bien ! ne me le dis pas, je ne suis pas pressé.

LINDOR, *l'arrêtant, & avec impatience.*

Eh ! mais, mon pere, vous ne me laissez pas seulement le temps de vous répondre.

LE MARQUIS.

Tu veux garder ton secret ; je te le laisse.

LINDOR, *caressant son pere, vivement.*

Mais, non.... Tenez, mon pere, si l'objet de mon choix réunissoit tous les talens qu'on peut désirer, la figure la plus aimable, un caractère adorable.... aimant son pere, comme je vous aime ?

LE MARQUIS, *avec finesse.*

Je dirois que ce portrait ressemble fort à Hélene.

LINDOR, *avec embarras.*

Je ne vous dis pas que ce soit elle.

LE MARQUIS.

Vraiment, je te crois trop raisonnable.... Tu te chercherois toi-même des obstacles ; tu connois son éloignement pour le mariage.

LINDOR, *embarrassé.*

Mais avant de vous dire son nom, répondez-moi, mon pere : Si l'objet de mon choix, enfin, justifioit le portrait que je viens de vous en faire.... que diriez-vous ?

LE MARQUIS, *cherchant à pénétrer son secret.*

Je dirois qu'il faut commencer par savoir si tu lui plais.

LINDOR, *avec embarras.*

Mais..... si je parvenois à lui plaire. ?

LE MARQUIS, *très-vivement.*

Ecoute donc.... j'entens des chevaux dans la cour du château ; c'est sûrement le Baron qui revient de la chasse.

(*Il sort.*)

LINDOR.

Eh! mon pere, vous ne m'en faites jamais d'autres.

SCENE V.

LINDOR, *seul.*

MOnsieur le Baron!.... Monsieur le Baron aime la chasse; le temps est beau, il n'est pas homme à revenir si-tôt. (*Avec impatience.*) Oh!... mon pere ne veut pas me marier.... c'est singulier.... il a une adresse pour savoir tout ce qu'il veut de moi.... J'ai pensé vingt fois lui nommer Helene...... mais attendons pour lui en parler. (*Avec satisfaction.*) Oh! oui; si j'étois une fois sûr du cœur d'Hélene.... (*Très-vivemens.*) C'est aujourd'hui la fête de son pere; elle ne se doute pas que je le sais. (*Avec la plus grande joie.*) Je suis sûr de mes acteurs.... Oh! cela ira bien. Hélene a tant d'esprit; elle se doutera bien qu'elle est le véritable objet de toutes les peines que je me suis données.... Cela préparera mieux l'aveu que je veux lui faire.... (*Avec dépit.*) Ah! pourquoi ne suis-je timide que devant elle?

Qu'il est cruel de n'avoir que quinze ans!
   Que je m'en veux de ma jeunesse!
   Age qui formez les talens,
   N'êtes-vous rien pour la tendresse?

Aimable objet, qui m'avez sçu charmer,
Si ma jeunesse effarouche mon pere,
   Il suffiroit de vous nommer,
Pour lui prouver que la raison m'éclaire.

Qu'il est cruel, &c.

Mais mon pere avoit raison! Voici Monsieur le Baron.

SCENE

SCENE VI.

LE MARQUIS, LE BARON, *en habit de chasse*, LINDOR.

LE MARQUIS.

EH! mais, mon cher Baron, vous voilà de retour de bonne heure!

LE BARON, *avec gaieté.*

Mon ami, il faut être de société à la campagne.

LE MARQUIS.

Mais vous êtes-vous amusé?

LE BARON.

Si je me suis amusé?

LE MARQUIS ET LINDOR.	LE BARON.
C'est un plaisir, en aimant cette chasse, De chasser avec nos Bassets.	Ah! quel plaisir, ah! l'agréable Chasse!
Lindor, d'un ton capable.	Les braves chiens que vos Bassets!
Le Marq. { Je crois, / Tu crois, } quelque chose qu'on fasse,	Ma foi, quelque chose qu'on fasse,
Qu'on n'en a point d'aussi parfaits.	L'on n'en a point d'aussi parfaits.

LINDOR.

La bonne voix qu'à Mustaraut!

LE MARQUIS.

Et quelle quête à Fanfaraut!

LE BARON.

Mais vous avez un Murmuraut!

LE MARQUIS ET LINDOR.

Oh! Murmuraut! oh! Murmuraut!

LE BARON.

Quel chien!

LE MARQUIS ET LINDOR.

Bon chien.

TOUS TROIS.

Ah! comme il chasse!

LE BARON.

Avec lui jamais de défaut :
Gardez - le bien.

LE MARQUIS.

C'est de la race
Du vieux Commandeur d'Egrivaut.

TOUS TROIS.

Ah ! quel plaisir, &c.

LE BARON.

Et votre grand Piqueur Normand.

LE MARQUIS ET LINDOR.

N'est - il pas vrai qu'il est plaisant !

LE BARON.

Peut - on ne pas rire,
Quand on l'entend dire :
„ Où qu'ça va, mes Valets,
„ Où qu'ça va ?
„ Et ahi, & ahi, c'est - là
„ Qu'il a
„ Verdendaillé dans l'z ozerets.

LE MARQUIS ET LINDOR.

Oui, c'est son ton, c'est sa maniere.

LE BARON.

„ Quêté sur la Taupiniere.

LE MARQUIS ET LINDOR.

Oui, c'est son ton, c'est sa maniere.

LE BARON.

Toujours criant,
Sifflant, chantant,
A chaqu'instant : „ Aucoute, aucoute,
Et l'on est sûr, dès qu'on entend
„ Vlau ?... qu'un Renard passe à la route ;
Murmurant l'y mene à l'instant.

TOUS TROIS.

Ah ! quel plaisir, &c.

LE BARON, *à Lindor.*

Mais j'ai une petite querelle à te faire : pourquoi n'es-tu pas venu à la chasse ? Tu m'avois dit que tu l'aimois à la fureur.

LE MARQUIS.

Il n'est pas fort constant dans ses goûts.

LINDOR, *avec impatience.*

Courage, mon pere ! comme si vous ne saviez pas le contraire.

LE MARQUIS, *d'un ton ironique.*

Je ne t'en fais pas de reproches ; il y a nombre de petites inconséquences que je te passe, parce qu'elles sont attachées à ton âge.

LINDOR, *avec impatience.*

Mon âge ! toujours mon âge ! Eh ! mais, mon pere, j'ai quinze ans.... Et quel âge, s'il vous plait, avoit le Cid ?....

LE MARQUIS, *en l'interrompant.*

Oh !

LE MARON.

Défendez-vous, mon ami : (*A part, & au Marquis.*) Il est charmant.

LE MARQUIS, *à son fils.*

Tu vas me chercher....

LINDOR.

Eh bien ! eh bien !... dans un genre différent.... Tenez, vous me le disiez encore hier.... Cet Auteur Anglois.... ah ! Pope, n'avoit-il pas composé à seize ans ses Eglogues, qui le firent nommer le Virgile de l'Angleterre ? Et à en juger par mon cœur, je parierois bien qu'ovide n'avoit pas seize ans quand il composa son Art d'aimer.

LE MARQUIS.

Comment ? vous avez lu....

LE BARON, *au Marquis.*

Eh ! laissez-le donc dire. (*A Lindor.*) Mon cher ami, je t'assure, moi, que je te trouve fort avancé.

LINDOR, *avec humeur.*

Eh ! Monsieur, c'est ce que mon pere ne veut jamais croire.

LE BARON.

Mais tu viens de citer si à propos l'Art d'aimer ; (*A demi confidence.*) Est-ce que tu aurois quelqu'inclination ?

LE MARQUIS, *vivement.*

Oh ! Baron, brisons là-dedus.

LINDOR, *avec impatience.*

Eh ! mon Dieu, mon pere, n'ayez pas peur, je ne parlerai point ; quoique, si j'étois moins discret, je défierois Monsieur le Baron de désapprouver mon choix.

LE BARON, *vivement.*

Eh ! mais, Marquis, vous le chagrinez. (*A Lindor.*) Je veux que tu me mettes dans ta confidence ; & je te promets, moi, de faire entendre raison à ton pere.

LE MARQUIS.

Cela sera difficile.

LE BARON.

Mais, voici ma fille ; (*à Lindor.*) Changeons de conversation : celle-ci ne l'amuseroit pas.

SCENE VII.

Les Acteurs précédens, HÉLENE.

LE BARON.

BOn jour, ma fille.

HÉLENE.

Comment vous portez-vous, mon pere ?

LE BARON.

Très-bien, mon enfant.

HÉLENE.

Avez-vous fait bonne chasse ?

LE BARON.

Très-bonne.

HÉLENE.

Je comptois que vous ne reviendriez que ce soir.

LE BARON.

Je te dirai tout franc que l'appétit m'a gagné.

HÉLENE.

Aussi, vient-on de me dire que l'on servoit.

LE MARQUIS.

Allons donc nous mettre à table.

LE BARON.

Vous me dispensez donc de faire toilette.

LINDOR.

Eh ! Monsieur, ne sera-t-il pas assez temps après-dîner ?

LE BARON.

C'est que je vous vois plus paré qu'à votre ordinaire.

LE MARQUIS.

Je vous dirai que c'est aujourd'hui ma fête ; & mes habitans viennent.... dansent....

LE BARON, *vivement.*

Votre fête ! Eh ! mais, c'est la mienne aussi ; vous m'y faites songer.

LE MARQUIS.

Double raison de gaieté ..... Mais, tenez, on vient nous avertir qu'on a servi.

LE BARON.

Allons, ma fille, donnez-moi le bras, mon enfant ; plus de mélancolie ! aujourd'hui, sur-tout. Je t'ai promis (*d'un ton de bonté.*) que je ne te parlerai plus de mariage ; ne me parle plus de couvent.

LE MARQUIS.

Ne parlons que de dîner.

LE BARON.

Volontiers, car j'ai une faim de chasseur ; c'est tout dire.

Fin du premier Acte.

ACTE II.

Le Théâtre représente des Jardins agréables.

SCENE PREMIERE.

LE MARQUIS, LE PRECEPTEUR.

LE PRÉCEPTEUR.

Oui, Monsieur, c'est la fête de Monsieur le Baron qui occupe si fort Monsieur votre fils : je suis dans sa confidence, enfin; mais ce qu'il ne m'a pas dit, & que vous devinez sûrement, comme moi, c'est que Mademoiselle Hélene est le véritable objet de tous les soins qu'il rend à Monsieur son pere.

LE MARQUIS, *rêveur.*

Eh! je ne suis pas à m'en appercevoir.

LE PRÉCEPTEUR.

Monsieur, c'est une tête bien vive. . . . . dans laquelle l'Amour fait bien des progrès.

LE MARQUIS, *toujours rêveur.*

Vous avez raison.

LE PRÉCEPTEUR, *cherchant à lire dans les yeux du Marquis.*

Hum, hum; ce qui doit bien vous donner autant à rêver, c'est que je crois que ses soins ne déplaisent point du tout à Mademoiselle Hélene.

LE MARQUIS, *vivement.*

Bon!

LE PRECEPTEUR.

Bon! . . . . Je vous étonnerois donc bien, si je vous disois que la surprise que Monsieur votre fils ménage à Monsieur le Baron ne sera peut-être pas la seule dont vous jouirez.

LE MARQUIS.

Comment? . . . .

LE PRÉCEPTEUR.

Oh! c'est notre secret: il est, d'ailleurs, inutile de vous en prévenir; car vous le saurez dans un moment.

LE MARQUIS, *le pressant.*

Mais enfin? . . . .

LE PRÉCEPTEUR, *interrompant vivement.*

Enfin!, Monsieur . . . . songez qu'il ne faut pas que Monsieur votre fils nous trouve ensemble: il est allé dans le village rassembler ses Acteurs.

LE MARQUIS.

Comment, ses Acteurs?

LE PRE'CEPTEUR.

Eh! oui, vos Paysans qui lui en servent; sa bonne nourrice, entr'autres....

LE MARQUIS.

Elle joue un rôle ?

LE PRE'CEPTEUR, *avec impatience.*

Oui, Monsieur..... mais je crains que Linder n'arrive.

LE MARQUIS.

Un mot..... Ce qu'il a fait, est-il joli ?

LE PRE'CEPTEUR, *avec un peu d'impatienc, & en souriant.*

Vous le verrez.

LE MARQUIS, *lui souriant.*

Vous n'y avez pas nui ?

LE PRE'CEPTEUR.

Oh ! l'idée est de lui .... J'ai bien usé un peu de mes droits de maître.

LE MARQUIS, *souriant.*

Ah ? j'entens.

LE PRE'CEPTEUR.

Non ? pour faire parler les Paysans leur langage, & voilà tout.... Mais par grace ....

(*Le pressant de sortir.*)

LE MARQUIS, *avec une tendre inquiétude.*

Enfin, ce qu'il a fait est joli ? .... vous êtes content de lui ? ....

LE PRE'CEPTEUR, *le reconduisant.*

Eh ! Monsieur, votre cœur ne se dément jamais.

(*Le Marquis sort.*)

SCENE II.

LE PRE'CEPTEUR, *voyant aller le Marquis.* *

Quels plaisirs plus intéressans,
Que ceux d'un pere (qui veut l'être !)
Par degrés il aime à connoître
Le cœur, l'esprit de ses enfans....
Leur plus doux, leur plus heureux, Maître,
Il borne aux succès qu'il fait naître
Ses vœux les plus satisfaisans.
Quels plaisirs sont plus séduisans ! ...

* Cette Ariette a été retranchée à la seconde représentation.

Je crois voir, comme dans nos champs,
L'aimable & tendre Philoméle
Oublier l'attrait de ses chants,
Dès que l'Amour a besoin d'elle ;
Diriger, petit à petit,
Le gage d'une ardeur fidelle,
Vers la tendresse qui l'instruit ;
Trembler que l'effort de son aîle,
Ne trompe l'œil qui la conduit,
Et la Nature qui l'appelle :
Quels plaisirs plus intéressans ! . . . &c.

Mais Lindor m'a dit de l'attendre . . . . . Il tarde bien ! Ah ! le voici . . . .

SCENE III.

LE PRE'CEPTEUR, LINDOR.

LINDOR, *arrive en courant avec joie.*

MOnsieur Dupuis . . . . Les voilà, les voilà . . . ils me suivent . . . . ils savent leur rôle, mon cher Maître . . . Ah ! s'ils pouvoient le dire comme ils viennent de le répéter devant moi ! . . . Oh ! ça, je leur ai recommandé de ne pas dire que c'étoit de moi . . . . gardez-moi bien le secret.

LE PRE'CEPTEUR.

Eh ! votre joie vous décele déjà . . . .

LINDOR, *avec vivacité.*

Oh ! je me contiendrai . . . . . Je vais rejoindre la compagnie : le Baron est sûrement habillé . . . . . Les voilà. (*Revenant sur ses pas.*) La Musique sera notre signal.

LE PRE'CEPTEUR, *souriant.*

Oui.

LINDOR.

Quand je l'entendrai, je ferai descendre tout le monde. (*Il rentre.*)

LE PRE'CEPTEUR.

Allez, allez.

SCENE

SCENE IV.

LE PRE'CEPTEUR, LA BONNE.

LA BONNE, *avec vîtesse.*

NOs Acteurs sont arrivés.

LE PRE'CEPTEUR.

Allez promptement les joindre . . . . . Voilà les nôtres qui arrivent.

LA BONNE.

J'y cours.

LE PRE'CEPTEUR.

Songez que nous commençons.

LA BONNE.

Eh! vraiment oui, au grand regret d'Hélene, qui m'a grondée; mais qui consent à notre arrangement.

(Elle s'en va.)

LE PRE'CEPTEUR.

Cela n'en sera que mieux: allez, cela fera deux surprises pour une.

SCENE V.

LE PRÉCEPTEUR, LA NOURRICE, THOMAS, & autres Paysans, Acteurs de la Fête.

LA NOURRICE.

NOus voilà . . . . Oh! Monsieur Dupuis . . . . . vous varrez; oh! vous varrez.

LA NOURRICE ET LES PAYSANS, *à l'envi l'un de l'autre.*

Je sçavons tertous notre affaire.

LE PRE'CEPTEUR.

Plus bas!

LA NOURRICE ET LES PAYSANS,

se disant l'un à l'autre.

Plus bas ! . . . Vous s'rais content de nous.
Y a tant de plaisir à ben faire,
Pour queuqu'un que j'aimons tertous ? . . , !
Ç'a f'ra ben aise le cher pere . . . .

UN PAYSAN.

De voir son fils . . . .

LA NOURRICE.

Ce cher enfant ! . . .
Que j'ons nourri . , . .

UN AUTRE PAYSAN.

Qu'est si charmant . . . .

UN AUTRE PAYSAN.

Qu'a tant d'esprit . . . .

LA NOURRICE.

Qui cherche à plaire . . . .

TOUS.

Au bon Seigneur que j'aimons tant.

LA NOURRICE ET TOUS LES PAYSANS,

l'un après l'autre. (*Voyant arriver la Bonne.*)

Paix ! v'là queuqu'un . . . . Paix ! c'est Man'zell' la Bonne,
Cach' ton bouquet, cach' ton bouquet.

LE PRE'CEPTEUR.

Elle sçait tout.

LES PAYSANS.

Elle est au fait ?

LA BONNE, *au Précepteur.*

Mes gens sont prêts.

LES PAYSANS.

Elle est au fait . . . : L'affaire est bonne ;

(*A la Bonne.*)

Puisque vous êtes du secret.
Je sçavons tertous notre affaire.

LE PRE'CEPTEUR.

Plus bas !

LES PAYSANS, *l'un après l'autre.*

Plus bas ! . . . Vous s'rais content de nous.

LES PAYSANS.	LA BONNE.
Y a tant de plaisir à ben faire,	Tant d'ardeur doit vous satisfaire :
Pour queuqu'un que j'aimons tertous.	C'est chez vous tout comme chez nous.

LE PRE'CEPTEUR.

Qu'attendez-vous, pour commencer ?

LES PAYSANS.

Les Ménétriers, qui commencent.... Ah! bon... tenez, je les vois qui s'avançont.

LE PRE'CEPTEUR.

Commencez quand il vous plaira.

SCENE VI.

LES PAYSANS, LES ME'NE'TRIERS.

LES PAYSANS *aux Ménétriers.*

ARrivez donc; mettez-vous là : vous, là : moi, là: nous y voilà : oui, l'on nous a placés comme ça....

LA NOURRICE, *indiquant la place que doit occuper le Baron.*

Songez que c'est-là qu'il sera.

LES PAYSANS.

Nous savons ça, nous savons ça.

(*Les Ménétriers jouent une marche, pendant laquelle le Salon s'ouvre ; alors, les Musiciens menent la marche : les Paysans vont prendre la Compagnie, pour la conduire & la placer, savoir, le Baron d'un côté, ayant sa fille auprès de lui & la Gouvernante ; de l'autre, le Marquis, son fils & Monsieur Dupuis.*)

SCENE VII.

Tous les Acteurs Paysans & Paysannes.

LA NOURRICE, *à Thomas.*

T'Es dans tes atours ?

THOMAS.

Toi d'même,

LA NOURRICE.

Moi d'même.

LES AUTRES.

Nous d'. même.

THOMAS.

Dam', te v'là brave à l'extrême.

LA NOURRICE.

Moi d'même.

LES AUTRES.

Nous d'même.

LA NOURRICE.

C'est qu'on vient fêter
Queut'zun qu'on aime,
Que j'voulons chanter.

THOMAS.

Moi d'même;
Pour lui j'ons fait
Un biau bouquet.

LA NOURRICE.

Moi d'même.
Pour lui j'ons fait
Faire un couplet.

THOMAS.

Moi d'même;
J'ons là ma chanson.

LA NOURRICE.

Pardin', moi d'même,
J'la sçais tout du long.

THOMAS.

Pardin', moi d'même.

LA NOURRICE.

Dam', ça dit beaucoup.

THOMAS.

Moi d'même.

LA NOURRICE.

Mais ça n'dit pas tout.

THOMAS.

Moi d'même.

LE BARON.

Trés-bien, Nourrice; & vous de même, Maître Thomas.

THOMAS.

Oh! Monseigneur, je savons ben que .... Dam?.... on a un petit brin.... vous entendez ben.... mais on n'est pas stilé à ça ..... ce qui fait qu'on n'est pas dans l'accoutumance de ces choses-là: au demeurant, pour le cœur?.... oh! ça ....

LE BARON.

Tout y est.... comment! quand vous seriez des Acteurs de profession ....

THOMAS.

Ah!

LA NOURRICE, *à part, à Lindor.*

J'n'avons pas manqué, comme vous voyais.

LINDOR, *lui faisant signe de ne pas le regarder.*

Eh bien?

LE BARON, *riant.*

Ah! voilà l'Auteur.

LINDOR, *embarrassé.*

Je ne dis pas cela ..... mais ce n'est pas là tout, sûrement?

THOMAS.

Je savons ben; mais v'là que j'y venons: est-ce qui gnia pas les bouquets, donc?

I.

THOMAS.

Que j'avions d'impatience
D'vous fleurir ici tertous!
Rien qu'en y songeant d'avance,
(*Ils donnent leurs bouquets.*)
Ta la la la la la la la la la,
J'avions du plaisir chez nous.

II.

LA NOURRICE.

J'voullions tous vous dir' queut'chose.
J'crois qu'l'ardeur de vous fleurir
Attachoit à chaque rose,
Ta la la la, &c.
Plus d'plaisir à la cueillir,

III.

THOMAS.

Vous prouver comme on vous aime,
C'étoit bien aisé pour nous,
Quand not' jeun' Monsieur lui-même,
Ta la la la la, &c.
Nous en baill' l'exemple à tous.

IV.

LA NOURRICE, *montrant le Marquis.*

C't' amiquié lui vient d'famille.

THOMAS.

On verroit aussi clair, ça ....

LA NOURRICE.

Qu'les grace d'Man'zell' votre fille,
Ta la la la la, &c.

TOUS DEUX.

Et la gaité d'son Papa.

LE BARON.

De mieux en mieux, mes enfans.

HÉLENE.

C'est charmant ? de l'esprit, de la naïveté, de la gaieté .....

LE BARON, *au Marquis.*

Mon ami, si j'étois chez moi, mes habitans vous le rendroient ..... (*Les voyant arriver.*) Les voilà ! ... (*A Hélene avec joie & surprise.*) Ah ! tiens ..... Mais voyons, voyons ....

(*Les Paysans qu'Hélene emploie comme Acteurs, entrent alors sur une marche, ayant le Magister à leur tête.*)

SCENE VIII.

Les Acteurs précédant LE MAGISTER, BABET, Paysans & Paysannes de la Terre du Baron.

LE MAGISTER ET BABET, *alternativement.*

C'Est ben fort pour nous,
Mais c'est doux pour vous,
De voir un Magister

Qui se donne l'air
De faire un couplet,
Tout comme en ont fait
(*Saluant les autres Paysans qui le leur rendent.*)
Tant de Messieurs d'esprit,
Qui n'ont pas tout dit.
Oser faire
Son affaire.
De vous faire un compliment!
Quoiqu'indigne,
S'mettre en ligne
Pour ça, dans l'instant
Qu'il vous en vient tant;

C'est ben fort pour nous, &c,

Mais à quoi sert un cœur?
A guetter, Monseigneur,
Le jour où l'on sçait que l'on vous fête.

Qu'on soit bête,
Mais honnête!...
L'esprit, ç'n'est qu'du sel;
Le cœur, c'est tout miel...

C'est ben fort, &c.

LE BARON, *avec joie, au Marquis.*

Bien attaqué; bien défendu, notre ami.

LE MARQUIS.

C'est la vérité; on ne peut pas mieux, Monsieur le Magister.

LINDOR.

Et je ne vous conseille pas de quitter votre Muse.

LE MAGISTER.

Muse! Je ne connois pas ça.... Non, non, vous n'y êtes pas.

LE MARQUIS.

Je ne demande pas de qui cela vient.

LE BARON.

Du cœur de ma fille, qui a prévenu le mien. Tu payes mes dettes, ma chère enfant! Va, va, ta reconnoissance vaut bien la mienne.

LE MAGISTER.

Je n'vous ons pas nommée, toujours, Man'zelle.

BABET, *ou la Paysanne.*

Oh! quand on nous défend queut'chose..... surtout Man'zelle....

HÉLENE.

Oui, Babet, vous gardez très-bien mon secret.

LE MAGISTER.

Mais, ce n'est pas l'tout.

LE MARQUIS.

Tant mieux.

I.

LE MAGISTER.

(*Ils donnent leurs bouquets.*)

Ah, ah, ah! v'là tous nos bouquets,
Qu'on vous présente
Par paquets.
Y a bien des mains qui les ont faits;
Car chacun, j'men vante,
A mis sa fleurs dans le bouquets;
Son mot dans l'couplet.

II.

BABET.

Ah, ah, ah! drès l'fin point du jour,
Gnia pas d'parterre
D'alentour,
Que j'n'ayons cueilli tour-à-tour;
Gnia pas d'Jardiniere,
Qui, pour vous fleurir en ce jour,
N'eut volé l'Amour.

III.

BABET.

Ah, ah, ah! disoit l'Magister,
Vous voulez plaire;
V'là qu'est clair:
Mais ç'n'est pas l'tout d'chanter sur l'air
Et d'être sincere;
Il faut encor en avoir l'air,
Disoit l'Magister.

LE MARQUIS, *aux Acteurs.*

Tout au mieux, en vérité.... (*A Hélene.*) & d'un esprit, d'une gaieté qui m'enchantent.

LE BARON, *avec joie.*

Ma foi, très-bien.

LA BONNE, *pleurant.*

Oh! très-bien....

LE BARON.

Qu'est-ce que vous avez donc?

LA BONNE.

Ma foi, Monsieur, je pleure de joie.

LE

LE BARON.

Je conçois cela ..... (*A Helene.*) Tiens, tu ne saurois croire le plaisir que tu me fais..... & notre petite Babet ?

LE MARQUIS.

Une grace charmante à ce qu'elle dit.

BABET.

Ah ! Monseigneur est bien bon ..... cela alloit bien mieux ce matin.... Je recommencerois bien ; mais c'est que j'avons encor queut'chose à dire.

(*Des Paysans apportent des berceaux, sur lesquels sont des devises.*)

LE MARQUIS.

Oui ! remettons-nous donc à nos places.

LINDOR, *apparcevant les berceaux.*

Ah ! mon pere, regardez donc..... c'est charmant !

HÉLENE.

Il vous sied bien de me faire des complimens !

LE MAQUIS, *voyant changer les fleurs en devises.*

Ah ! des devises !

LE BARON, *tirant sa loupe.*

Voyons, lisons ....

HÉLENE.

Je vais vous en éviter la peine.

„ Le zèle a choisi chaque fleur.
„ Le plaisir conduit son ouvrage :
„ Simplicité dans notre hommage,
„ Sincérité dans notre cœur ;
„ De leur accord tout est l'image.

LE BARON, LE MARQUIS, HÉLENE, LINDOR ET LES PAYSANS.

De leur accord tout est l'image.

LE MARQUIS.

Ma foi, mon cher Baron ....

C'est chez vous,
Qu'on a cueilli les bouquets les plus doux.

LE BARON.

C'est chez vous,
Et je n'en suis point jaloux.

LES PAYSANS, *les uns aux autres.*

C'est chez vous, &c.

LE MARQUIS.

Ah ! que mon cœur est flatté !

LE BARON.

Et le mien est enchanté.
Quel jour !

LE MARQUIS.

Qu'il a d'attraits !
Esprit, gaité, tout séduit....

LE BARON.

Mais....

TOUS DEUX.

C'est chez vous,
Qu'on a choisi les bouquets les plus doux ?
C'est chez vous,
Et je n'en suis point jaloux.

LES PAYSANS, *les uns aux autres.*

C'est chez vous, &c.

HÉLENE, *à la Bonne.*

Et les rubans ?....

LINDOR, *au Précepteur.*

Et mon petit Marchand ?

Monsieur DUPUIS, *l'appercevant.*

Ah !....

(*On apperçoit sous les berceaux un petit Marchand avec des Paysannes qui portent des corbeilles garnies de Rubans que l'on distribue aux Paysans & Paysannes.*)

LE BARON.

Ah ! ah ! Une foire ?....

LE PRE'CEPTEUR.

On veut donner des rubans aux Acteurs de la fête. (*Aux Paysans.*) Allons, prenez, mes enfans. Oh ! il n'y a pas de choix ; ils sont tous d'une même couleur.

LA BONNE.

La joie est la même dans les deux troupes ; il ne faut point de différence dans ce qui la désigne.

LE BARON.

Très-bien vu, très-bien.

LA BONNE.

Mais, écoutez ceci :

(*Elle marque plus d'attentian à ce couplet.*)

UNE JEUNE PAYSANNE.

J'venons fêter vot' Seigneur ;
V'là-t-il pas qu'vous fêtez l'nôtre :
J'voulons tous peindre not' cœur :
V'là-t-il pas que j'peignons l'vôtre.

LA NOURRICE.

Ici j'ons mêmes douceurs,
De l'un & de l'autre Maître,
L'Amitié n'y doit paroître,
Que sous les mêmes couleurs.

LA BONNE, *au Marquis & au Baron.*

Petite dispute douce de village à village, sur l'attachement .... l'amitié .... C'est un couplet que nous nous sommes permis, Monsieur Dupuis & moi.

LE MARQUIS.

Très-bien, Madame.

LINDOR, *au Baron.*

Mais, voici une petite boutique, où je crois que l'on a quelque choses à vous offrir.

(*Le petit Marchand donne un verre à facettes au Baron.*)

LE BARON.

A moi ? Ah ! une lunette d'approche.

LE PAYSAN.

Monseigneur, c'est une lorgnette pour voir vingt fois la même chose : c'est quasiment fait pour notre amitié.

LE BARON.

Ah ! ... un verre à facettes .... & des vers ! Lisons :

(*Il lit.*)

„ Ce verre a l'heureux avantage
„ De multiplier les plaisirs,
„ En répétant cent fois l'image
„ De ce qui flatte nos désirs ;
„ Servez-vous-en pour voir le zèle,
„ Que nous avons à vous fêter ;
„ Vous verrez qu'il se renouvelle
„ A force de se répéter.

(*Au marquis avec joie.*)

Vous jouissez, Marquis.

LE MARQUIS, *regardant Monsieur Dupuis.*

Monsieur Dupuis .... hum .... C'est de lui ?

LE PRECEPTEUR.

Vous seriez bien fâché que cela n'en fût pas.

LINDOR, *avec humeur.*

Mon pere ne veut pas croire que je puisse rien faire de bien.

HÉLENE, *avec un peu d'humeur.*

Réellement, Monsieur le Marquis, vous êtes impatientant.

LINDOR.

Oh! je suis fait à cela.

LE BARON.

Je garde ton présent & tes vers.

LINDOR, *à Hélene.*

J'espere que Mademoiselle voudra bien aussi accepter des tablettes que le petit Marchand lui offre.

HÉLENE.

Mais, ce n'est point ma fête.

LE BARON.

Prens, ma fille, prens.... (*Feuilletant les tablettes.*) Mais voyons cependant.... voilà des vers !...

LINDOR.

Je vais vous le lire.

(*A Hélene.*)

„ Par ce petit présent l'amitié vous rapelle,
„ Qu'il est doux de s'occuper d'elle,
„ Il ne nous sert de rien, nous pouvons vous l'offrir ;
„ Car le plaisir que vous nous faites
„ A tous les cœurs se fait si bien sentir
„ Qu'on n a pas besoin de tablettes,
„ Pour en garder le souvenir.
„ Mais à vous attacher au séjour où vous êtes,
„ Quand nos cœurs trouvent tant d'appas,
„ Hélene, ne nous dites pas:
„ Rayez cela de vos tablettes.

HE'LENE, *prenant les tablettes.*

Certainement, je ne vous le dirai pas.... Elles sont très-jolies.... mais beaucoup moins que les vers.

LE BARON, *au Marquis.*

Mais, convenez donc que c'est charmant..... Vous écoutez cela d'un sang-froid qui me glace.

LE MARQUIS.

Bon!... Monsieur Dupuis veut que je croye....

HE'LENE, *en examinant les tablettes, fait partir un ressort qui découvre un papier qu'elles renferment.*

Ah! .... (*Avec joie & surprise.*) Ce n'est pas tout!

LE BARON.

Qu'eſt-ce que c'eſt ?

HE'LENE.

Il y avoit un ſecret dans ces tablettes que j'ai découvert, ſans m'en douter ; & voici sûrement encore quelques nouveaux traits de l'eſprit de Lindor.

LINDOR, *avec précipitation.*

Non, non, ne liſez pas.... ce ſera sûrement l'adreſſe du Marchand.

LE BARON, *tirant la lettre des mains de ſa fille.*

Ne lui rends pas, donne....

LINDOR.

Eh ! non, Monſieur, ne liſez pas.

LE BARON.

Modeſtie d'Auteur, dont je ne ſuis pas dupe.

LE MARQUIS, *au Précepteur.*

Qu'eſt-ce que c'eſt donc ?

Monſieur DUPUIS.

En honneur, je n'en ſais rien.

LE BARON, *à Lindor.*

Non, tu n'auras pas tes vers.... Je ne veux rien perdre de tout ce que tu as fait.

(*Il lit.*)

MADEMOISELLE,

« C'eſt bien hardi, ce que je vais vous dire ; mais ſi je » ne vous le dis pas, il faudra donc que je ſouffre tou» jours ; & en vérité, je n'en ai plus la force ; car il y » a plus d'un an que je vous aime....

(*A Lindor.*)

C'eſt de la proſe, tu as raiſon.... (*Il continuent.*)

» Et tenez, Mademoiſelle, jugez-en ſur l'impatience » que j'ai de me marier. Serois-je ſi impatient ſi ce n'étoit » pour être avec vous, toujours avec vous ? Quand je » ſonge que c'eſt toute la vie !.... Combien je ſerois » heureux, & heureux de vous rendre heureuſe ! car » vous le ſeriez ; je connois bien mon cœur. Aimez-moi » donc, Mademoiſelle, & dites-moi une fois, je vous » aime. C'eſt ſi-tôt dit...., & cela me feroit tant de

„ plaisir !... Mais, par grace, que tout ceci soit à l'insçu „ de votre Bonne....

LE MARQUIS, *à Lindor.*

A l'insçu !...

LE BARON, *continuant.*

„ Et sur-tout, de Monsieur votre pere....

LE MARQUIS, *regardant son fils d'un œil sévére.*

Monsieur !...

LE BARON, *continue.*

„ Le mien lui dit si souvent que je suis jeune, que „ peut-être il le persuaderoit, & que je serois perdu; „ car, en vérité, je n'ai pas la force d'attendre.

„ J'ai l'honneur d'être, avec l'amour le plus tendre „ & le plus profond respect,

„ Mademoiselle,

„ Votre très-humble, très-
„ obéissant serviteur &
„ fidèle Amant,
LINDOR.

LE MARQUIS.

A l'inscu.... Vous êtes bien osé !...

LINDOR.

Mon pere !

LE MARQUIS, *d'un ton sévère.*

Allez dans votre chambre, Monsieur, & n'en sortez pas sans mon ordre.

LINDOR.

Ah ! je suis perdu....

LE MARQUIS, *bas au Précepteur.*

Suivez-le, Monsieur Dupuis.

SCENE IX.

LE BARON, LE MARQUIS, LA GOUVERNANTE, LA NOURRICE ET LES PAYSANS.

LE BARON, *à sa fille.*

Eh ! le trait est un peu léger.

HÉLENE, *avec embarras.*

Un peu léger.

LA GOUGERNANTE.

Mais très - léger.

LE BARON.

Mais c'est l'âge qu'il faut juger.

LE MARQUIS.

Non ; c'est l'esprit qu'il faut juger :
Pardonnez - lui.

LE BARON.

Croyez . . . .

LE MARQUIS.

Jugez de mes allarmes.

HÉLENE.

A regret je vois vos allarmes.

LES PAYSANS.

Pardonnez - lui.

LE MARQUIS, *aux Paysans.*

Laissez . . . .

LES PAYSANS.

Voyez nos larmes.

LA NOURRICE AVEC LES PAYSANS,

Man'zelle est faite pour charmer,
Est - ce un si grand mal que d'aimer !
(*à Hélène.*) Parlez pour lui.

HÉLENE.

Je ne le puis.

LE MARQUIS.

Laissez, bonne Nourrice.

LES PAYSANS.	LA NOURRICE.
Il ne voit rien de si gentil ;	Il ne voit rien de si gentil ;
Queu si grand tort Lindor a-t-il ?	Queu si grand tort l'enfant a-t-il ?

Mon bon Seigneur !

HÉLENE ET LA BONNE.

Qu'elle a bon cœur !

LE MARQUIS, *à la Nourrice.*

Oui, je vous rends justice.

LA NOURRICE, *au Marquis.*

Son tartagême est si plaisant,
Ya tant d'esprit, convenez-en....

LE MARQUIS.

Vous pleurez .... belle Hélene.

HELENE, *cherchant à cacher ses larmes.*
(à part.)

Moi, Monsieur ? .... Quelle gêne !

LA NOURRICE.

Quel tourment ! Quelle peine !

LE BARON.

Eh ! le trait est un peu léger.

HÉLENE, *avec embarras.*

Un peu léger .,..

LA BONNE.

Mais très-léger.

LE BARON, *avec vîtesse.*

Mais c'est l'âge qu'il faut juger.

LE MARQUIS.

Eh ! c'est l'esprit qu'il faut juger.

LES PAYSANS.

De la douceur....

LE MARQUIS.

Seroit foible.
Le danger presse....
Tant d'ardeur....

LES PAYSANS.

Et tant de jeunesse !

LE MARQUIS.

Puis-je trop user de rigueur ?

LE BARON, *aux Paysans.*

Je n'ose blâmer sa rigueur.

LA

LA NOURRICE ET LES PAYSANS.

L'Amour, qui vient, sans qu'on y pense,
S'en va souvent tout comme il est venu.
(*Au Marquis.*)
Moins de rigueur ....

LE MARQUIS.

De l'indulgence!
Non, non; c'est un point résolu.

LE BARON, HÉLENE, *piquée*, ET LA BONNE.

Eh! non; c'est un point résolu.

LES PAYSANS.

Allons; c'est un point résolu.

Fin du second Acte.

ACTE III.

Le Théâtre représente un Sallon terminé par une Galerie.

SCENE PREMIERE.

LE MARQUIS, LA NOURRICE.

LA NOURRICE, *en pleurant.*

Oui, Monseigneur, j'ons là sa Lettre:
Mais sans votre aveu, Monseigneur,
Je n'ons pas voulu la remettre.
Croyais que, si j'avons bon cœur,
Je n'en avons pas moins d'honneur.

Je lui disions: „ c'est nous commettre....
Il m'adoucissoit en pleurant....
Il pleuroit tout en écrivant....
Je promettions.... sans lui promettre....
Car le serre cœur est bien grand,
Quand on voit pleurer son enfant.

Oui, Monseigneur, &c.

LE MARQUIS.

Eh! quel temps Lindor a-t-il donc pris, pour écrire encore à Hélene?

LA NOURRICE.

Pendant que j'étois avec lui pour le consoler, comme

vous l'aviez permis, vous avez fait appeller M. Dupuis; & not'jeune Monsieur a pris ce temps pour écrire la Lettre à Man'zelle Hélene, & me la donner vîte, avant que Monsieur Dupuis fût arrivé.

LE MARQUIS.

Donnez-la-moi.

LA NOURRICE, *lui présentant la Lettre.*

Mon bon Seigneur, vous allais l'ouvrir?

LE MARQUIS.

Mais non.... (*A part.*) Je songe.... Bonne femme, gardez cette Lettre, & n'en parlez point.... Je consentirai peut-être que vous la rendiez à Hélene, devant son pere, ou sa Bonne, s'entend : retirez-vous, & allez m'attendre chez moi jusqu'à ce que j'ai parlé au Baron qui ne tardera pas à me joindre.

(*La Nourrice sort.*)

SCENE II.

LE MARQUIS, *seul.*

MOn fils se désole.... tant d'amour! à son âge!... Il y a plus d'un an qu'il a la tête prise.... C'est ma faute. J'aurois dû ne pas traiter si légèrement une impression qu'il sera, je crois, bien difficile de détruire.... Mais Hélene!.... Hélene a plus que de l'amitié pour Lindor. Monsieur Dupuis l'avoit bien jugé; &, quoique j'aie feint vis-à-vis de lui de n'en rien croire, cette petite fête réciproque.... Les Eloges réitérés de Lindor..... Oui, oui, suivons mon projet. Mais voici le Baron.

SCENE III.

LE MARQUIS, LE BARON.

LE MARQUIS.

JE ne sçais, Baron, quelles excuses vous faire.

LE BARON.

Eh! Marquis, si c'est pour cela que vous vouliez me

parler, vous devez croire que je ne regarde ce qui s'eſt paſſé, que comme une étourderie de jeune homme qui n'en a pas ſenti les conſéquences.

LE MARQUIS.

Mais sûrement vous les ſentez comme moi?

LE BARON.

Franchement j'aurois autant aimé que cette ſcène n'eût pas eu tant de témoins : mais le mal eſt fait ; d'ailleurs Lindor eſt dans un âge qui excuſe tout. Oh! s'il avoit ſeulement l'âge de ma fille.

LE MARQUIS.

Il ſeroit inexcuſable .... mais .... je ſerois peut-être moins embarraſſé.

LE BARON.

Eh! mon ami, il en ſeroit plus à plaindre .... L'éloignement que ma fille a pour le mariage ....

LE MARQUIS.

Hum, hum ....

LE BARON.

Comment?

LE MARQUIS, *le regardant avec embarras.*

Mon cher Baron.... tenez.... mais je n'oſerai jamais....

LE BARON.

Je ne vous conçois point; quel embarras!

LE MARQUIS.

C'eſt qu'en effet la confidence eſt délicate.

LE BARON.

J'en ſentirai mieux le prix.

LE MARQUIS, *tendrement.*

Il y va de mon bonheur.

LE BARON.

Et vous héſitez? vis-à-vis de moi? Eh! Marquis, devrois-je avoir beſoin de vous raſſurer? Ne ſuis-je pas votre ami?

LE MARQUIS.

Oui, vous l'êtes; & ce titre ſeul m'encourage & m'excuſe.

LE BARON, *avec un peu d'impatience.*

Enfin?

LE MARQUIS, *tendrement.*

Mon cher Baron, vous êtes pere....

LE BARON, *avec plus d'impatience.*

Je le sçais bien.

LE MARQUIS.

Vous pardonnerez bien à un pere aussi tendre, de chercher des consolations ?

LE BARON.

Eh ! au fait, au fait.... par pitié pour moi.

LE MARQUIS.

Ah !.... j'y viens. Me permettez-vous de vous demander si vous êtes bien sûr d'avoir lu dans le cœur d'Hélene ?

LE BARON.

Eh ! mon cher Marquis, je vous l'ai dit cent fois : ses sentimens ne me sont que trop connus. Je n'ai d'objet que son bonheur ; rien ne manqueroit au mien, si elle vouloit se marier : chaque parti que je propose semble renouveller en elle le goût de la retraite, qu'elle eût déja satisfait, si elle n'étoit combattue par l'amertume qu'elle répandroit sur ma vie.

LE MARQUIS.

Un moment, un moment.... si ses refus avoient un objet ?

LE BARON.

Je le sçaurois.

LE MARQUIS.

Mais écoutez-moi, mon cher Baron ; vous m'avez dit, (& chaque jour me l'a prouvé) qu'elle se plaisoit ici plus que par-tout ailleurs.

LE BARON,

C'est vrai. Mais vous êtes mon ami ; je me plais chez vous, & l'attachement que ma fille a pour moi, lui fait partager le plaisir que j'y trouve.

LE MARQUIS.

La gaieté de complaisance & de réflexion est bien froide; celle d'Hélene me paroît bien naturelle... pardonnez.... mais.... je crois que mon fils n'y contribue pas peu.

LE BARON, *vivement.*

Comment ! qu'elle l'aimeroit ?...

LE MARQUIS.

Mais jugez-en.

Si je le gronde quelquefois,
Sur des riens.... qui blessent un pere:
Hélene souffre.... Je la vois
Rougir, l'excuser la premiere;
Pour donner le tort au Censeur,
Pour m'amener à la douceur,
L'adresse d'Hélene est extrême....
Que fait-on de plus, quand on aime?

En ces lieux elle a l'air content..
Elle y parle moins de retraite;
Si Lindor s'absente, à l'instant
Hélene est rêveuse, distraite;
S'il paroît, on voit fuir l'ennui,
La gaité revient avec lui....
Hélene enfin n'est plus la même...

LE BARON.	LE MARQUIS.
Eh! mais, Marquis....	Eh! mais, Baron;

Vous pourriez bien avoir raison.

TOUS DEUX.

Que fait-on de plus, quand on aime?

LE MARQUIS, *d'un ton plus rassuré.*

Hélene nous déguise encor
Un feu que j'ai cru reconnoître;
Son cœur lui parle pour Lindor,
Dont l'âge l'allarme peut-être....
Lui dit-on qu'il n'a que quinze ans?
„ Jugez, dit-elle, ses talens;
„ C'est l'esprit, c'est la raison même.

TOUS DEUX.

Que dit-on de plus, quand on aime?

LE BARON, *rêveur.*

En effet, plus j'y songe.

LE MARQUIS.

Mais tenez, n'y eût-il que cette petite fête, l'objet de mon fils, en nous la donnant....

LE BARON, *vivement.*

Étoit clair.

LE MARQUIS.

Celui d'Hélene.

LE BARON, *rêveur.*

Ne me le paroît pas moins.

LE MARQUIS, *plus affirmativement & vivement.*

Même objet, mêmes sentimens; l'amour a tout conduit; & tantôt, si vous y avez pris garde, l'étourderie de Lindor...

LE BARON, *vivement.*

A paru l'affecter.

LE MARQUIS, *vivement*

La déconcerter ; ne prenons pas le change.

LE BARON.

Elle a rougi....

LE MARQUIS.

Et pleuré.... & un aveu qui gêne une femme, peut la faire rougir, mais ne la fait pas pleurer. Tenez, j'y vois clair : l'étourderie a excité la rougeur ; mais croyez que l'étourdi a fait couler les larmes.

LE BARON.

Vous avez raison, Marquis.

LE MARQUIS.

Mais me pardonnerez-vous ?

LE BARON, *avec joie & très-vivement.*

Quoi ! de m'éclairer sur mon bonheur.

LE MARQIUS, *vivement & avec transport.*

Votre bonheur ? Vous consentiriez donc à faire le mien ?

LE BARON, *transporté de joie.*

Si j'y consentirois ? Et vous prévenez ma demande. Songez donc.... je suis dans une joie.... Ah ! mon ami, il est aimé.... tout me le dit.... Peignez-vous donc bien ma satisfaction.... & vous la ressentez comme moi : pardon.... mais voyez donc quelle différence ! ma fille rendue au vœu de sa famille, à ma tendresse, à la vôtre ; car elle l'aura.

LE MARQUIS.

Elle l'aura ? Dites donc qu'elle l'a déja.

LE BARON, *dans la plus grande joie.*

Et ! oui, oui, oui.

TOUS DEUX, *avec transport, & se serrant mutuellement dans leurs bras.*

Ah ? mon Ami ! c'est un rayon d'espoir ;
Mais qu'il me plaît ! ... mais qu'il me flatte !
Comme vous je dois l'entrevoir,
Lindor n'aime point une ingrate.

Il est aimé, tout doit nous le prouver :
Qu'à son secourr l'amitié vole ;
Est-ce à la Nature à rêver,
Plus que l'Amour qui la console !

Ah ! mon Ami, &c.

S'il est jeune, l'Amour l'éclaire ?
Pour guide encor il a nos yeux ;
Et l'on sçait tout, quand on sçait plaire.
Ces cher enfans ! serrons leurs nœuds :
Tout nous en presse,
Raison, tendresse,
Nature, Amour, tout est pour eux,
Et notre cœur nous dit sans cesse :
Quel objet plus cher à nos vœux,
Que de voir nos enfans heureux !
Ah ! mon Ami ! &c.

LE BARON, *très-vivement.*

Occupons-nous donc des moyens les plus prompts de faire le bonheur de ces chers enfans.

LE MARQUIS.

Le point essentiel, & qui n'est pas le moins difficile seroit de tirer adroitement d'Hélene le secret qu'elle nous cache.

LE BARON.

Et vraiment oui, de l'amener à en faire l'aveu.

LE MARQUIS.

Le hazard vient de nous servir.

LE BARON.

Comment ?

LE MARQUIS.

Vous sçavez que j'ai consigné mon fils dans sa chambre. Il a profité de l'absence de M. Dupuis pour écrire à Hélene.

LE BARON, *avec joie.*

Elle ne m'en a rien dit, mon ami.

LE MARQUIS, *vivement.*

Elle n'a point reçu la Lettre : écoutez. Sa bonne nourrice, à qui j'avois permis de le voir, s'est chargée, par tendresse, de sa commission, & attend ma permission pour l'exécuter.... si je faisois remettre cette Lettre à Hélene devant vous ?... L'impression qu'elle feroit sur elle....

LE BARON.

Pourroit amener ce que nous cherchons .... Comme la tendresse nous sert & nous éclaire !

LE MARQUIS.

Voici Hélene & sa Bonne, je vous laisse. Amenez le moment, je sçaurai le saisir. *(Il sort!)*

LE BARON.

Écoutez. Je congédierai la Bonne, ce sera votre signal.... La voici, modérons notre joie, & tâchons de nous contenir.

SCENE IV.

LE BARON, HÉLENE, LA BONNE.

LE BARON, *jouant l'air embarrassé.*

Eh bien ! ma fille ; te voilà rêveuse.

HÉLENE, *presque les larmes aux yeux.*

Mais, mon pere.... mais quelle fête !
L'on s'occupe d'amusemens,
A la gaité chacun se prête ;
Et dans les plus heureux momens,
L'Amour vient changer en tourmens
Tous les plaisirs que l'on apprête.

Chacun murmure, on pleure, on plaint
Un cœur si jeune & si sensible ;
Son pere affecte un air paisible,
Et laisse voir tout ce qu'il craint
D'un cœur trop jeune & trop sensible....
Vous-même avez l'air plus contraint.

LE BARON.

Moi ?

HE'LENE.

Vous.... l'air moins tendre, mon pere,
Jusqu'à ma bonne....

LA BONNE.

Moi !

HÉLENE.

Vous.

LA BONNE.

Moi,
Que votre douleur désespere !

LE BARON,

Mais ta douleur nous désespere.

HE'LENE, *sans les écouter.*

Mais je le sens, mais je le voi.

LE BARON.

Ma chère enfant, mais calme toi.

HÉLENE.

Mais, mon pere.... mais, &c.

LE

LE BARON.

Eh ! mais, ma chère Hélene, je t'ai amenée chez mon ami, pour t'y procurer des amusemens ; si tu n'y trouves que de la tristesse, partons.

LA BONNE, *vivement.*

Ce seroit le plus sûr ? je le disois à Mademoiselle.

HE'LENE, *avec impatience.*

Eh ! ma Bonne, je le sçais ; mais vous ne songez qu'à moi : & mon pere ? (*Avec un peu d'aigreur.*) vous voulez donc l'exposer à se brouiller avec son ami ?

LA BONNE, *toute troublée.*

Moi, Mademoiselle, je ne veux rien.

LE BARON.

Elle a raison.

HÉLENE.

Comment ? Un départ si brusque affligeroit le Marquis, aggraveroit les torts de son fils.

LE BARON, *très vivement.*

Oh ! s'il n'étoit question que du fils....

HÉLENE, *avec embarras.*

Eh ! sans doute....

LE BARON.

Ce n'est pas qu'il ne soit intéressant.

HÉLENE.

Oui.... mais il me semble que ce seroit prouver que nous regardons comme une offense, ce qui dans le fond n'est....

LE BARON.

Qu'une étourderie.

HÉLENE, *avec douceur.*

Oh !... une imprudence.

LA BONNE, *avec aigreur.*

Imprudence !... oh ! oui... mais il faut rendre justice à M. le Marquis ; rien de mieux que la sévérité dont il en a usé.

LE BARON.

Eh bien ! Madame, je ne suis point de votre avis : il falloit tourner en plaisanterie ce qui s'est passé, au lieu qu'en prenant le ton grave, (*feignant d'abonder dans le sens de sa fille*) il nous forçoit de l'imiter, nous embarrassoit même !... n'est-ce pas ma fille ?

HÉLENE, *se radoucissant.*

Assurément, mon pere... qu'après cela, il eût pris son fils en particulier, qu'il lui eût fait sentir son tort; c'étoit à sa place: il se le devoit, il nous le devoit même; mais devant ses paysans, devant les vôtres, une mortification publique...

LA BONNE, *plus doucement.*

Mais l'imprudence l'étoit.

LE BARON.

Est-ce la faute de Lindor, si son secret a échappé? Il y avoit mis tout le mystère nécessaire.

LA BONNE.

Ce qui le rend plus coupable, Monsieur.... comment! une Lettre, une Déclaration en forme?

HELENE, *avec humeur.*

Eh bien!...

LE BARON.

Le Marquis a eu tort, sur-tout, aimant tendrement son fils, & connoissant sa sensibilité.... aussi cela doit te servir de leçon.

HE'LENE.

A moi, mon pere?

LE BARON.

Eh! oui; tu ne parlois que de l'esprit de Lindor, de ses talens....

HE'LENE, *avec trouble.*

Eh bien, mon pere?

LE BARON.

Et souvent même, quand il étoit pressent....

LA BONNE, *très-vivement.*

Monsieur, j'ai été tentée vingt fois d'en prévenir Mademoiselle.

HE'LENE.

Comment, ma Bonne!...

LE BARON.

Ecoute donc, nous ne voulons pas te fâcher.

HE'LENE.

Mais ai-je fait autre chose que ce que vous faisiez vous même?

LE BARON.

Oh! c'est différent.

LA BONNE.

Très-différent.... Les éloges de ce qu'on aime flattent.... Une jeune tête prend pour le suffrage du cœur, ce qui n'est que celui de l'esprit.

HE'LENE, *avec impatience.*

Le cœur.... l'esprit.... Eh! ma Bonne!...

LE BARON, *à la Bonne.*

Laissez-nous.

(*Elle sort.*)

SCENE V.

LE BARON, HE'LENE.

Que d'allarmes pour un aveu!
Quels propos, pour un simple éloge!
Souffrez que je vous interroge:
Pour vous ma peine est-elle un jeu?....
Parlez, mon pere,
Que faut-il faire?...
Que d'allarmes pour un aveu!

Pour un objet qu'on plaint, qu'on aime,
J'écoute un instant la pitié....
Et pour rassurer l'amitié,
Je consulte votre cœur même...:
Faut-il partir? Partons.
Faut-il rester? Restons.
Mais dissipez mon trouble extrême.

Que d'allarmes, &c.

LE BARON, *tendrement.*

Eh! bien, pardon, ma chère enfant: j'ai tort? d'autant que je parierois que la sévérité de pere aura ramené l'esprit du fils.

HE'LENE, *avec embarras.*

Eh! sans doute, cela se peut.

LE BARON, *voyant arriver la Nourrice.*

D'ailleurs, entre nous, je ne puis lui savoir mauvais gré à un certain point de te trouver aimable. Mais!... Que voulez-vous, Nourrice?

SCENE VI.

LA NOURRICE, LE BARON, HE'LENE.

LA NOURRICE, *en pleurant.*

MOnsieur.... c'est que nôte jeune Monsieur... Oh! cela vous feroit pitié!... il pleure.... Oh! mais, c'est que faut voir ça.... Allez, Mam'zelle, il paroit bien fâché de tout ce qu'il a fait.

LE BARON, *à part, à Hélene.*

Je te le disois bien....

HE'LENE.

Il est fâché de ce qui s'est passé?

LA NOURRICE.

Fâché!.... qu'il en pleure, & que je ne sais pas comment il pouvoit y avoir à vous écrire cette lettre, qu'il m'a enchargée de vous apporter de sa part.

HE'LENE.

Une lettre?.... Je ne puis, ni ne dois la recevoir.

LE BARON, *feignant de l'approuver.*

Il est vrai que.... (*A part à Hélene.*) Ah! cependant, il reconnoît sa faute, dit-on; il te prie surement de le reconcilier avec son pere.... (*Hélene a l'air d'hésiter.*) Donnez, la Bonne.... laissez-nous, & dites-lui que je me charge de lui répondre.

(*La Nourrice sort.*)

SCENE VII.

LE BARON, HE'LENE.

LE BARON.

VOyons un peu comment il s'y prendra pour s'excuser.... tiens, lis....

HE'LENE.

Mais, mon pere....

LE BARON.

Lis.... bon....

HELENE *lit la lettre d'une voix tremblante, & le Baron marque de moment en moment la joie intérieure qu'il ressent de son trouble.*

" Ah! Mademoiselle, quelle affreuse situation! qu'il „ est douloureux, quand on a mon cœur, d'être humi- „ lié devant ce qu'on aime, & de l'être par tout ce que „ nous devons respecter! Vous êtes bien osé, m'a dit mon „ pere! S'il savoit aussi ce qu'il m'en a couté,....combien il „ faut de courage pour risquer une démarche qui décide „ en un instant du bonheur ou du malheur de ma vie!...

(*S'interrompat.*)

Mais, mon pere, si vous acheviez?....

LE BARON.

Tu lis si bien.

HELENE, *avec plus de trouble.*

Où en étois-je?

LE BARON.

Au malheur de sa vie.

HE'LENE *continue.*

„ Malheur de ma vie.... M'abandonnerez-vous à tout „ mon désespoir, quand il ne faut qu'un mot de vous pour „ obtenir mon pardon de mon pere, pour m'empêcher „ d'être perdu pour lui?... Oui, Mademoiselle, perdu „ pour lui; je me connois; je pleure, je me désole.... je „ suis dans un état, que je ne sais comment je fais pour y „ tenir. La seule chose qui me calme un peu, c'est de me „ dire, " Elle sait, au moins, que je l'aime, que je l'ai- „ merai toujours. Mais avec cela, charmante Hélene, si „ votre amour ne justifie le mien; si vous me refusez enfin „ pour votre mari.... c'est comme si vous me disiez: Meurs, „ je le veux.... je vous assure que vous seriez bien vîte obéie.

„ Réponse, belle Hélene, par grace, par pitié ; je vous „ assure que cela presse : songez que les momens sont bien „ longs quand on souffre, & qu'enfin il n'en faut qu'un „ pour mourir. „

(Elle rend la lettre à son pere, sans le regarder, & se détourne pour cacher ses larmes.)

LE BARON, *reprenant la Lettre & considérant sa fille.*

Tu gardes le silence .... & tu pleures ? ....

HE'LENE.

Mon Pere ! ...

LE BARON.

Ton Pere ! Eh ! ce nom seul t'accuse de rigueur.
Est-il en toi de laisser à mon cœur
Un juste reproche à te faire ?

HE'LENE.

Hélas ! ...

LE BARON, *en reproche tendre & animé.*

Tu n'oses donc m'avouer ton ardeur ? ...
Cet aveu manque à mon bonheur,
Et ton silence le différe !

(Le Marquis arrive sur la fin de cette Scène.)

HE'LENE.

Epargnez-moi, je m'accuse à vos yeux.

LE BARON, *tendrement.*

Etoit-ce à l'Amour à t'aprendre
A te défier d'un cœur tendre
Dont ton ardeur comble les vœux ?

HE'LENE, *tombaut à ses genoux.*

Pardon, cent fois pardon ; je m'accuse à vos yeux.

LE BARON, *la relevant.*

Mais dis-moi donc : Lindor a sçu me plaire.

HE'LENE. Oui, Lindor m'a sçu plaire.

Mais.

Quoi ?

Mais, je craignois,

SCENE VIII.

LE BARON, HÉLENE, LE MARQUIS.

LE MARQUIS, *à Hélene.*

De me voir trop heureux ?

HE'LENE, *avec surprise, appercevant le Marquis.*

O Ciel !

Il m'écoutoit.... mon pere.

LE BARON.

Il t'écoutoit ?

LE MARQUIS, *d'un ton de bonté.*

Oui j'écoutois.

Belle Hélene, pardon ! ....

LE BARON. (*Avec ironie.*)

Comment pardon ! ....

Guetter un cœur qui s'obstine à se taire,
Quand on veut couronner ses feux !

HÉLENE, *déconcerté.*

J'ignorois ....

LE BARON, *montrant le Marquis.*

Qu'il fût là ....

HÉLENE.

Mais ....

LE BARON.

Le tour est affreux.

LE MARQUIS, *au Baron.*

Eh mais ! laissez ....

HÉLENE, *à son pere*

Eh mais ! cessez ....

LE BARON.

Rougis, gronde-moi, si tu veux.

HE'LENE; *avec moins d'embarras.*

Oui j'aime, & n'en fait plus mystere.

LE BARON.

Mais dis-lui donc : Lindor a sçu me plaire.

HE'LENE.

Et mais ! il m'écoutoit, mon pere.

LE BARON, *insistant davantage.*

Mais dis-lui donc : Lindor a sçu me plaire.
HÉLENE. Oui, Lindor m'a sçu plaire ;

J'en fais l'aveu.

LE MARQUIS, *transporté.*

Heureux aveu !

LE BARON, *d'un ton de plaisanterie.*

Après l'aveu, rougis, gronde-moi, si tu peux.

TOUS TROIS.

Plus de contrainte, plus d'allarmes,
Pressons des momens précieux.
De l'Amitié, l'Amour séche les larmes ;
Que de leur doux accord l'Hymen forme les nœuds.

LE BARON.

Mon ami, allez donc vîte délivrer notre prisonnier ? ce n'est plus à vous à disposer de sa liberté, c'est à Hélene.

LE MARQUIS.

Aussi, j'attens ses ordres.

LE BARON, *avec ironie.*

Tu le veus bien, n'est-ce pas, ma fille ?

HE'LENE, *riant.*

Oui, mon pere.

LE MARQUIS.

Holà ! quelqu'un.... faites descendre mon fils, & dites-lui qu'il vienne me parler.

HE'LENE.

Mais, Monsieur, vous ne lui annoncez pas son pardon.

LE BARON, *en riant.*

C'est une douceur que nous voulons te laisser.... Mais regarde-nous donc ; on diroit que tu rougis de nous rendre heureux.

HE'LENE.

HE'LENE.

Non, mon pere, j'ai votre aveu pour dire qu'on ne doit point rougir d'aimer ce que tout le monde trouve aimable.

LE BARON, *riant au Marquis.*

Nous l'avons pourtant amenée là, mon ami !... Et la seconde lettre de Lindor .... (*Il la lui donne.*) Elle a eu tout l'effet que vous en attendiez.

HE'LENE.

Quoi !.... Monsieur ?...

LE BARON.

Etoit, ainsi que moi, dans la confidence de cette lettre.

HE'LENE.

Ah ! mon pere !....

LE BARON.

Tu n'a pas voulu me charger de faire ton bonheur, il a bien fallu que j'en prisse la peine moi-même.

LE MARQUIS, *reprenant le ton grave.*

Voici Lindor.

SCENE IX.

ET DERNIERE.

TOUS LES ACTEURS.

LE MARQUIS.

APprochez, mon fils..... Connoissez-vous cette lettre ?

LINDOR, *tombant aux genoux de son pere, & pleurant.*

Oui, mon pere.... Mais, tenez, c'est comme si vous

aviez lu dans mon cœur.... Que voulez-vous?.... Enfin, voyez-là. (*Montrant Hélene.*) Oui, mon pere, si elle n'a pitié de moi..... Si je ne vous attendris pas, belle Hélene, j'en mourrai..... C'est sûr; vous le verrez.

LE BARON.

Eh! que diable, mon ami, vous le faites languir, & il va me faire pleurer, moi.... Abrégeons, j'aime mieux qu'il meure de joie que de tristesse. Viens, mon cher Lindor, embrasse-moi; lis ta grace dans les yeux d'Hélene, & dans les miens, le plaisir que j'ai de t'annoncer que je te la donne pour femme.

LINDOR, *avec transport.*

Que dites-vous, Monsieur?.... mon pere!... Quoi! charmante Hélene!...

HE'LENE.

Oui, Lindor, je n'en dédirai pas mon pere.

LINDOR, *à ses genoux.*

Est-il possible?

LINDOR.	LES AUTRES ACTEURS.
Ah! quel plaisir Vient me saisir!	Même plaisir Vient nous saisir.

LINDOR.

Ah, Monsieur!... ah, mon Pere!... ah, trop aimable Hélene!...
Votre cœur partage mes feux!

HE'LENE.

Oui, mon cœur partage vos feux.

LES DEUX PERES.

Oui, son cœur partage tes feux.

LA NOURRICE, LA BONNE, LE PRE'CEPTEUR ET LES PAYSANS *qui arrivent sur la fin de cette Scéne.*

Quoi! son cœur partage vos feux!

TOUS.

Que l'Hymen { nous / vous } enchaine:

L'un par l'autre { soyons / soyez } heureux.

THOMAS, *Au Marquis.*

Oh ! ça, Monseigneur, quand vous étiais triste ; je n'pouvions pas être gais ? vous vlà tertous en joie, vlà note gaieté qui ne demande qu'à revenir....

LE MAGISTER.

Nos jeunes filles ne demandont qu'à chanter, danser....

BABET.

Vous le parmettez, Monseigneur ?....

LE MARQUIS.

Oui, mes enfans.

LE PAYSAN.

J'allons donc nous en donner tant qu'à des nôces.

Fin du troisiéme & dernier Acte.

DIVERTISSEMENT.

de Paysans & Paysannes.

RONDE RE'PE'TE'E PAR LES PAYSANS.

I.

LE MAGISTER.

Note D'moiselle a dit oui ;
La vlà donc Madame !
Note D'moiselle a dit oui ;
La vlà donc Madame !
J'en suis réjoui.
Le Marié tout satisfait,
Dit, „ vlà donc ma femme !
„ La vlà done ma femme !
Le Marié nous satisfait ;
On lit dans son ame
Queu bien ça lui fait.

II.

BABET.

Un mariage où gnia que l'bien,
C'est pas l'bon systême,
C'est pas l'bon systême;
Un mariage où gnia que l'bien,
C'est pas l'bon systême,
Ça n'va jamais bien.
Gnia pas d'bien qui soit meilleur
Quel queuqu'un qu'on aime,
Quel' queuqun qu'on aima;
Gnia pas d'bien qui soit meilleur,
Que d'bailler de d'même
Un cœur pour un cœur.

III.

THOMAS.

Quand on est ben amoureux,
Ah! qu'on est ben aise!
Ah! qu'on est ben aise!
Quand on est ben amoureux,
Ah! qu'on est ben aise
De se voir heureux!
On a d's enfans à tous deux,
Et tout ça vous baise,
Et tout ça vous baise:
On a d's enfans à tous deux,
Ça fait qu'on est aise,
Mêm' quand on est vieux.

Que j'avions d'impatience
D'vous fleurir ici tertous!
Rien qu'en y songeant d'avance,
La, la, la, la, la, la,
J'avions du plaisir chez nous.

Ah! ah! ah! vlà tous nos Bouquets,
Qu'on vous présente
Par paquets.
Y a ben des mains qui les ont faits;
Car chacun, j'm'en vante,
Mettoit sa fleur dans le bouquet,
Son mot dans l'couplet.

FIN.

www.ingramcontent.com/pod-product-compliance
Lightning Source LLC
LaVergne TN
LVHW010624110826
845149LV00003B/1036

* 9 7 8 2 3 2 9 0 6 3 6 0 7 *